みんなの歌遊び

ミツル & りょうた

〜おなじみの歌がいっぱい〜

チャイルド本社

Contents もくじ

はじめに………4
歌ってみよう………5

4月の遊び
春が来た………6
おべんとうばこのうた………8

5月の遊び
もりのくまさん………10
こどものひ………14
線路はつづくよどこまでも………16

6月の遊び
雨降り………18
かたつむり………20
かえるの合唱………24

7月の遊び
ほたるこい………26
ふたあつ………28

8月の遊び
なみとかいがら………30
手のひらを太陽に………32

9月の遊び
つき………36
かわいいかくれんぼ………38
むらまつり………40

10月の遊び

でぶいもちゃんちびいもちゃん………44
どんぐりころころ………46

11月の遊び

てててて………48
たきび………50
ぞうさん………52

12月の遊び

ゆき………54
あわてんぼうのサンタクロース………58

1月の遊び

おなかのへるうた………60
おしょうがつ………64
やぎさんゆうびん………66

2月の遊び

北風小僧の寒太郎………70
ゆきのこぼうず………72
はしれちょうとっきゅう………74

3月の遊び

カレンダーマーチ………76
いちねんせいになったら………78

はじめに

みんなが知っている曲を集めて楽しい遊びをつけました。ふだんの保育への導入が簡単なことはもちろん、おとなと2人組になって楽しむ遊びも掲載しているので、保育の場はもとより、家庭でも楽しめます。新教育要領等でうたわれているとおり、家庭でのかかわりに基づく経験は幼児期にとても大切です。園での遊びはもちろん、親子でも遊べる遊びで、触れ合いながら歌って遊んでみてください。

歌ってみよう

「ぼくこの歌知ってる!」「私3番まで歌える」子どもたちって知っている歌が始まるとこんなことを言いながら大合唱。そんな大好きな歌に遊びがついていたら、なおうれしい。
大人たちも「この歌歌える」「懐かしい」なんて親しみを感じるからすんなりと歌える。遊んでみようという気にもなる。運動会の準備体操で遊ぶとかクラスだよりに紹介してみるのもいいですよね。さあ、大きい声で歌うことからスタートしよう。

4月の遊び

春が来た

保育者がリーダー役になって、みんなで遊んでね。
さぁ、春はどこにやってくる?

 隊形 自由

1 はる
胸に手を当てる

2 が
手で花を作る

3 きた
好きなところを触る

4 はるがきた
1〜3と同様に

5 どこに（あかに）
リーダーが「どこ」の歌詞を好きな色に替えて歌う（例：赤）

6 きた
子どもたちは赤い物を探して触る

7 やまにきた
1〜3と同様に

8 さとにきた
1〜3と同様に

親子で遊ぼう！

保育者がリーダーになって遊びましょう。
🎵、🎵を体の部位にしてどちらが先に触れるか遊んでみてね。

9 のにも（あおにも）
リーダーが「の」の歌詞を
好きな色に替えて歌う（例：青）

10 きた
子どもたちは
青い物を探して触る

バリエーション

色のほかにも、形や遊具など、いろいろな物を触って遊んでね。友達の名前や先生の名前でもいいね！

「♪はるがきた　はるがきた　どこにきた」を
クラスの子どもの名前にして
「♪〇〇ちゃんがきた　〇〇ちゃんがきた　園にきた」
なんて歌えば、朝のあいさつになって
楽しいかもね！

4月の遊び

おべんとうばこのうた

お弁当作りをして遊ぼう。歌詞に出てくるおかずに限らず、みんなが好きなおかずを取り入れても楽しいね。

 3歳以上　隊形 自由

準備

ビニールテープなどで弁当箱を床に描いたら、お弁当を作る子（2人程度）とおかずになる子を決める。お弁当を作る役の子は、三角巾をかぶる。最初は保育者が作る役になって遊んでみよう。

遊びかた

お弁当を作る役の子が歌を歌っている間に、おかず役の子は逃げる。

お弁当を作る役の子がおかず役の子をつかまえてお弁当箱につめる。

バリエーション

慣れてきたら、タッチしてにらめっこをしてから、お弁当箱につめる。

おかず役の子は、おかずの絵柄を頭につけると楽しいね

バリエーション

歌詞を替えて、いろんなおかずで楽しんでもいいね。

♪これくらいの
おべんとばこに
おにぎりおにぎり
ちょいとつめて
たこさんウインナー
チーズもいれて
カラアゲさん
ブロッコリーさん
みっつならんだ
ミートボール
あかくてあーまい
イチゴ

5月の遊び

もりのくまさん

初めてでもかんたんにできるから、参観日や運動会などで踊ってみよう。

1〜3歳児　二人向かい合って

1 【1番】あるひ
顔を近づける

2 （あるひ）
子どもを持ち上げる

3 もりのなか
振る

4 （もりのなか）
降ろす

5 くまさんに（くまさんに）であった（であった）
大人は腰を振る。子どももまねをして振る

6 はなさく　もりのみち
大人が子どもの手を引いて歩く

7 くまさんに　であった
大人が子どもを優しくつつく

12 おじょうさん（おじょうさん）おにげなさい（おにげなさい）
大人はジャンプ

13 スタコラサッサッサのサ
6と同様

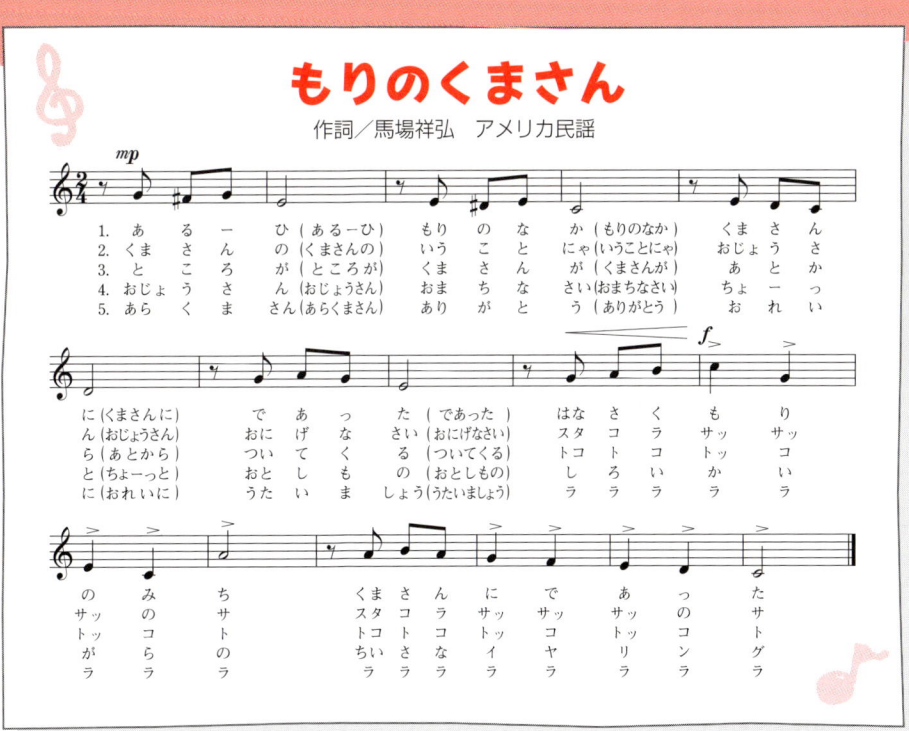

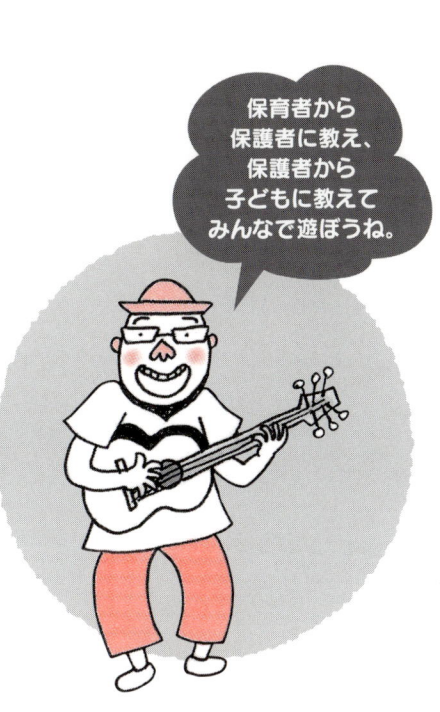

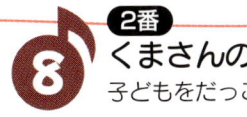

もりのくまさん

作詞／馬場祥弘　アメリカ民謡

8 2番 くまさんの
子どもをだっこ

9 （くまさんの）
だっこしたまま
大人がジャンプ

10 いうことにゃ
息をかける

11 （いうことにゃ）
子どもを降ろす

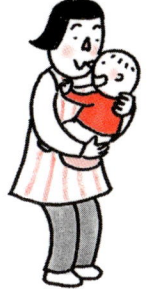

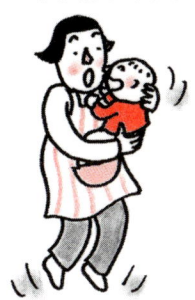

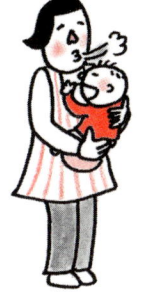

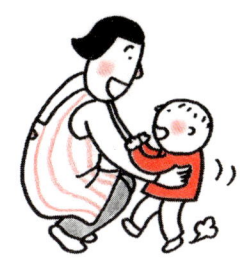

14 スタコラサッサッサのサ
7と同様

● 3、5番の歌詞は1〜7と同様に、4番の歌詞は8〜14で遊ぶ。

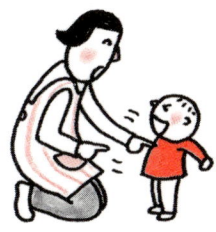

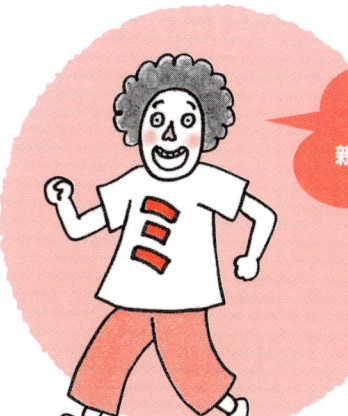

5月の遊び

バリエーション 〔1〜3歳児〕 二人向かい合って

1 あるひ（あるひ）
いないいないばあをする

2 もりのなか（もりのなか）
歩く

3 くまさんに（くまさんに）
手を上げる

4 であった（であった）
手を差し出す（握手する）

5 はなさく　もりのみち
手をつないで回転

6 くまさんに　であった
子どもを持ち上げる

動作のアレンジ

6は、持ち上げる代わりに子どもが好きなことをしてあげてもいいと思うよ。ブルブルしたり、チューしたり、持ち上げてぐるっと回ってみてもいいね。

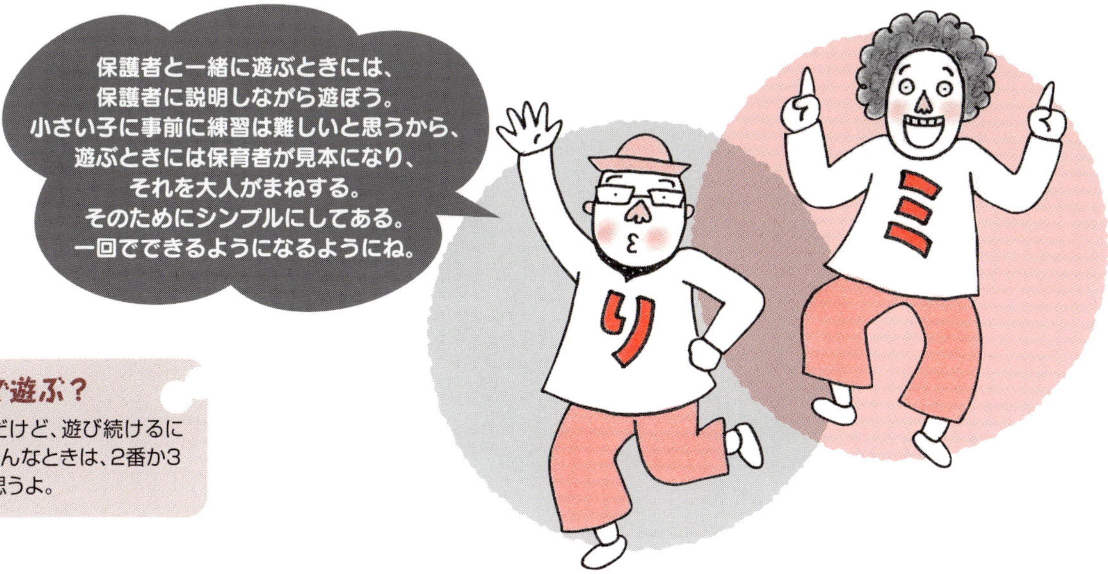

もりのくまさん

> 保護者と一緒に遊ぶときには、
> 保護者に説明しながら遊ぼう。
> 小さい子に事前に練習は難しいと思うから、
> 遊ぶときには保育者が見本になり、
> それを大人がまねする。
> そのためにシンプルにしてある。
> 一回でできるようになるようにね。

何番まで遊ぶ？
歌は5番まであるんだけど、遊び続けるには少し長いかな？ そんなときは、2番か3番でやめてもいいと思うよ。

（大人は伸ばした足の上に子どもを乗せる）

 **あるひ（あるひ）**
いないいないばあ

 **もりのなか（もりのなか）**
両手で双眼鏡をつくり、のぞく

 **くまさんに（ガオー）**
歌い終わりに「ガオー」と吠える

 であった（であった）
手をつなぐ

 **はなさく もりのみち
くまさんに であった**
つないだ手を振る

 **（ガオー）**
❸と同様

5月の遊び

こどものひ

「ももたろう」「きんたろう」「かぐや姫」に なりきって元気よく遊ぼう!

 隊形 自由

ももたろう

♪ 1 こどもと こどもが
モモのようにコロコロ転がる

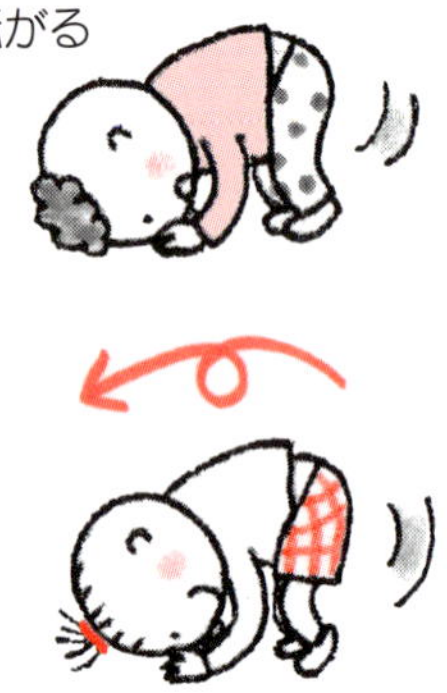

♪ 2 ヤアヤアヤア
切ったモモから飛び出すようにジャンプ

♪ 3 ごがつの
右手を前に出す

♪ 4 いつかは
左手も前に出す

♪ 5 こどものひ
相撲の突っ張りのように前に出す

きんたろう

♪ 1 こどもと
右足からしこを踏む

こどもが
左足でしこを踏む

♪ 2 ヤアヤアヤア
おのを振るしぐさ

③④⑤は「ももたろう」と同様に

親子で遊ぼう！

♪で親子相撲をしよう。

こどものひ
作詞／阪田寛夫　作曲／大中 恩

♩= 112

1. こ ども と こ ども が ヤ ア ヤ ア
2. み んな で み んな で ヤ ア ヤ ア

ヤ ア　ご がつ の いつ か は
ヤ ア　あ か ちゃん も い ば って

こ ど も の ひる —
な い て の い —

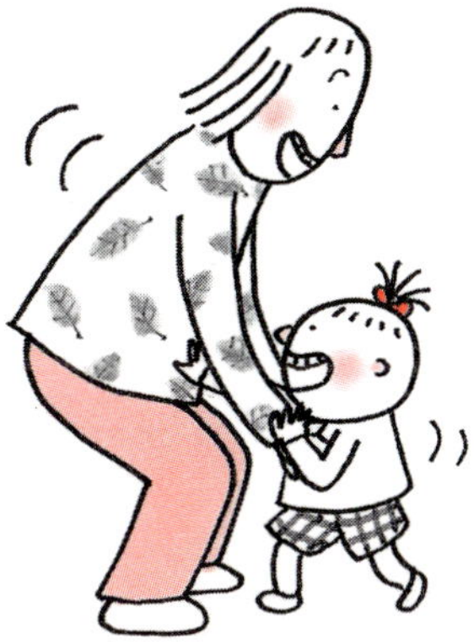

バリエーション

いろいろな童話の主人公になってみよう。
「浦島太郎」「一寸法師」
「うさぎとカメ」……

きんたろうの♪で
しこを踏んだ後、
ほんとうに相撲を
とってもいいよね

かぐや姫

❶ こどもと こどもが
ササのようにゆらゆら揺れる

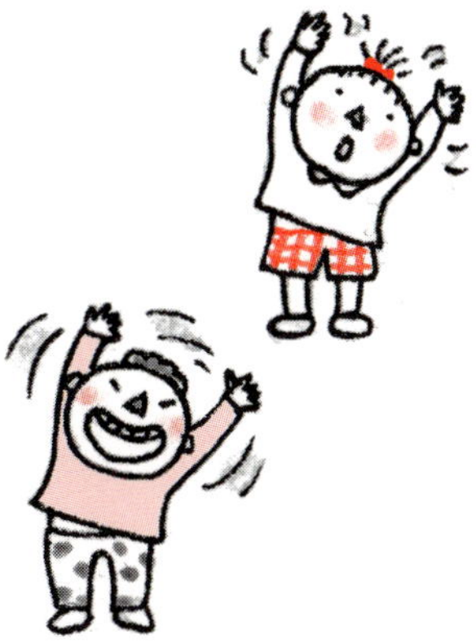

❷ ヤアヤアヤア
両手は胸の前でクロス、
片足を上げてお姫さまのポーズ

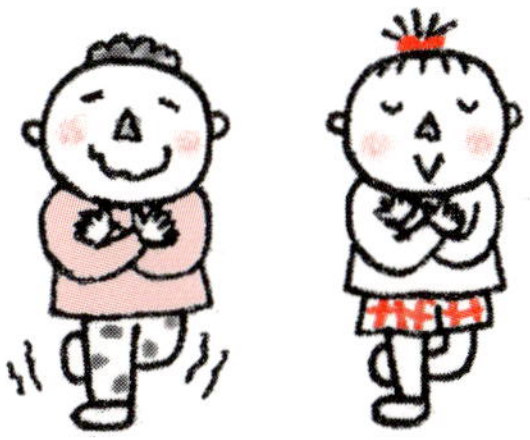

❸❹❺は「ももたろう」と
同様に

5月の遊び

線路はつづくよ どこまでも

みんなで並んで遊んでみよう！
2〜3人でも多人数でも楽しいよ。

 1〜3歳児　列になって　親子で遊ぼう！

♪1 **せんろは つづくよ どこまでも**
つながって歩く

♪2 **のをこえやまこえ たにこえて**
手拍子をしながら歩く

♪3 **はるかな まちまで ぼくたちの**
後ろに向かって歩く

♪4 **たのしいたびのゆめ つないでる**
回りながら歩く

> 保育者にくっついて進もう。ぎゅっとくっついたり手をつないだり、歩き方はいっぱいあるよね。

> 少数で並んでも楽しいね。

バリエーション

手をつないで、横に並んで行進

先頭の人の歩き方に合わせて進もう

例：大股歩き

バリエーション

スキップしながら

前の人のまたの下から手をつなぐ

スキップしながら、四つんばい、ジャンプしながらなど、先頭の人の動きに合わせて進もう。

床をゴロゴロと転がりながら

6月の遊び

雨降り

あらかじめ "おうちスペース" を決めておき、同じポーズで終わったペアはそこに帰ることができます。ペアになるパートナーは、始めに決めてから遊びましょう。

`1〜3歳児` 二人向かい合って

♪1 あめあめふれふれ
腕を横に出し、手を下に下げて揺らす（雨のポーズ）

♪2 かあさんが
両手を合わせて顔の横に添える（母さんのポーズ）

♪3 じゃのめでおむかい うれしいな
傘のように手を斜め下に広げ、体を左右に揺らす（傘のポーズ）

♪4 ピッチピッチ
♪1と同様

♪5 チャップチャップ
♪2と同様

♪6 ランラン
♪3と同様

♪7 ラン
「雨」「母さん」「傘」の中から、お互いに好きなポーズをする

同じポーズだったら ♪8a へ
違うポーズだったら ♪8b へ進む

♪8a
♪7で、同じポーズだったら、おうちのスペースにスキップで移動。おうちに帰った組は、もう一度がんばっている人たちを歌いながら応援する。

親子で遊ぼう！

♪⑦のポーズで同じになったら親が肩車。
違ったら、親が子どもをくすぐろう。

バリエーション

「♪かあさんが」のところの
ポーズは、ひとりの子に
スポットを当てて
（事前に決めておくといいね）、
その子の決めたポーズに
してもいいよね。

おうちの場所を
はっきりさせておこう。
CDなどに合わせて
遊ぶときには、間奏部分で
パートナーをチェンジ！
新しいパートナーといっしょに
おうちスペースに帰ってから、
次の歌い出しで、
また①からスタートすると、
たくさんの子と遊べるよ。

♪⑦で違うポーズだ
ったら、パートナー
をチェンジ。
もう一度、♪①から
スタート

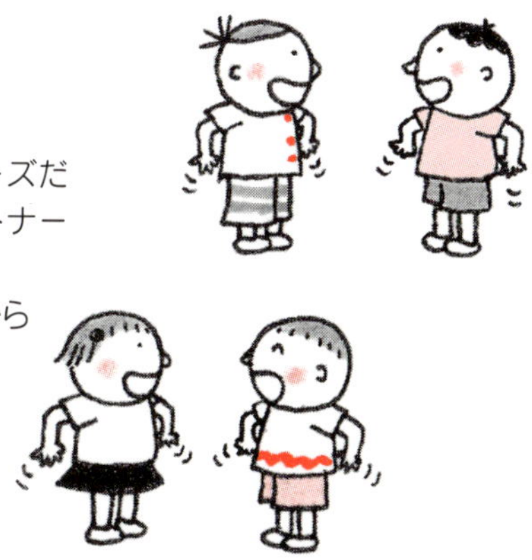

6月の遊び

かたつむり

近くにいる子どうしじゃんけんをして、繰り返し遊びましょう。

`1〜3歳児`　隊形 自由

🎵1 でんでんむしむし かたつむり
はいはいして相手を探す

🎵2 おまえの あたまは
相手を見つけたらじゃんけんをする

🎵3 どこにある
勝った人が上に乗る

バリエーション

🎵5 でんでんむしむし　かたつむり
はいはいして相手を探す

🎵6 おまえの めだまは
相手を見つけたらじゃんけんをする

♪ **4** つのだせ やりだせ
あたまだせ
勝った人を乗せたままそっと前に進む

♪ **7** どこにある
勝った人が上に乗る

♪ **8** つのだせ やりだせ
めだまだせ
振り落としそうなくらい振ってみよう

上の子は
落ちないようにね。
下の子は揺らしながら
進もう！

6月の遊び

バリエーション 1〜3歳児 2人組

1 でんでん むしむし
左右に揺れる

2 かたつむり
倒れる

親子で遊ぼう！ ＊2番で遊んでみましょう

1 でんでん むしむし
かたつむり おまえの
片手でかたつむりをつくり、
はい回る

2 めだまは どこにある
手はかたつむりのままで、
目の回りにはわせる

3 つのだせ やりだせ
めだまだせ
目の周りを優しくつつく

かたつむり

3 おまえの めだまは どこにある
ゆっくりと子どもを倒す

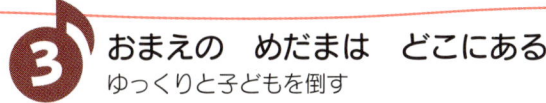

4 つのだせ やりだせ めだまだせ
揺れる

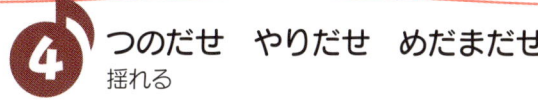

バリエーション

「♪めだま」の部分をいろいろな体の部位に替えて歌おう。
つつく部位も歌詞に合わせて同じところをつついてみてね。

♪おへそは どこにある
おへその周りをつついている

歌いながらす〜っとできるよ。
お手紙にはさんだりして、
保護者にも教えてあげよう！
おうちでもすぐにできるよ
（あえてシンプルにしてみたの）。

6月の遊び

かえるの合唱
ゆったりと歌いながら触れ合って遊んでみよう！

♪1 かえ
子どもを持ち上げる

♪2 るの
降ろす

♪3 うた
♪1と同様に

♪5 きこえて くるよ
♪1、♪2、♪3、♪4と同様に

♪6 クワ
右に振る

♪8 クワ
左に振る

♪9 クワ
♪7と同様に

♪10 ケケケケケケケケ
抱っこして揺れる

 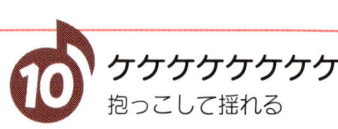

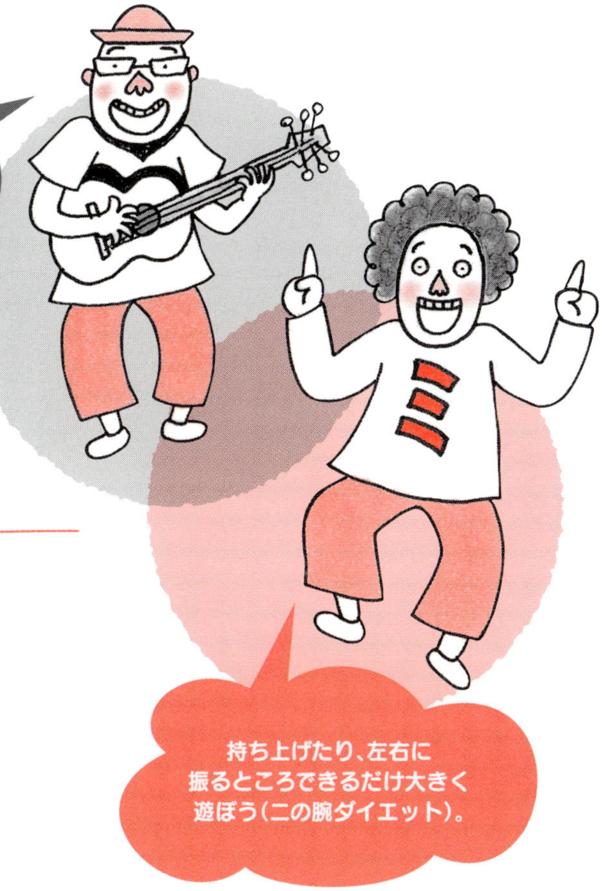

7月の遊び

ほたるこい

まずは保育者が手本を見せながら遊んでみよう。

`1〜3歳児` 二人向かい合って

1 ほ ほ ほたるこい
片手を上げてグー、パーしながら歩き、パートナーを見つける

2 あっちのみずは
回る

3 にがいぞ
向かい合って、変な顔でブルブル

4 こっちのみずは
回る

5 あまいぞ
両手でじゃんけん

6 ほ ほ ほたるこい
負けた方が腰にくっついていく

2回目以降 *♪は同じ

2回目以降 人数が増えていくけれど、そのつど全員でじゃんけんをして先頭を決めよう。

2 あっちのみずは
4人で回る

3 にがいぞ
4人で輪になって、変な顔でブルブル

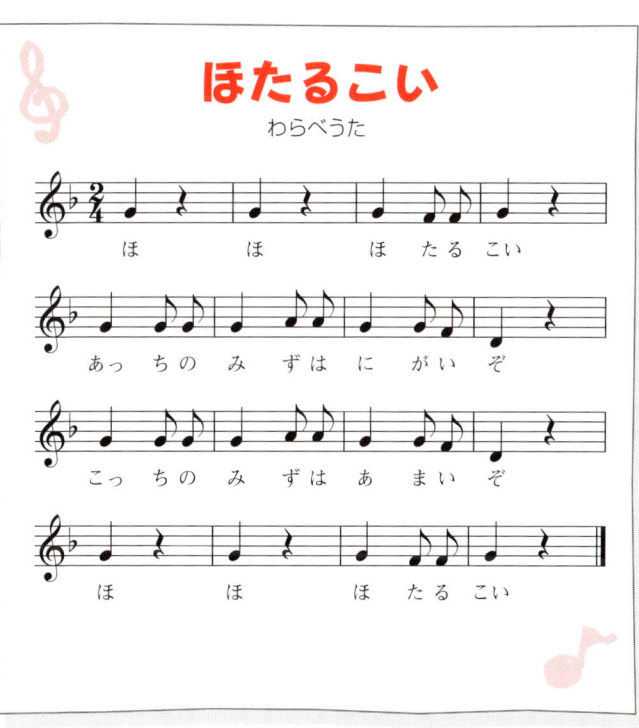

ほたるこい

わらべうた

親子で遊ぼう！

❻はじゃんけんで勝ったほうがお尻くすぐり。

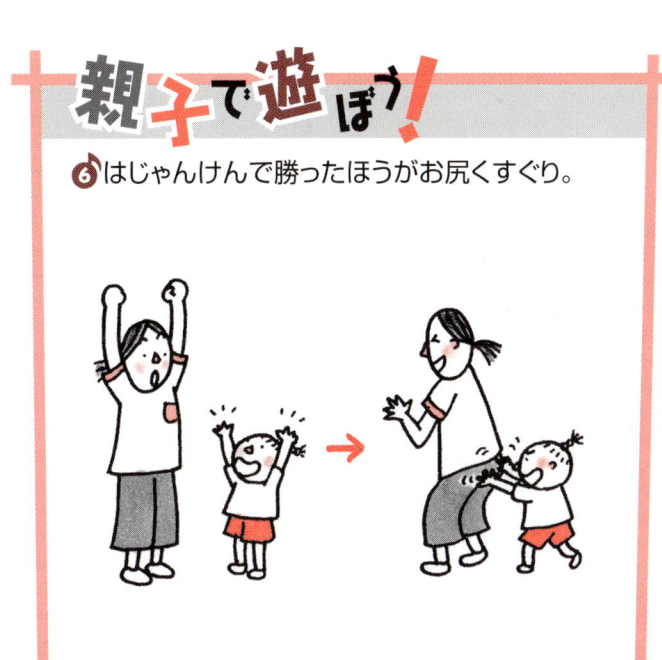

バリエーション

3回じゃんけんをして
8人くらいになったら、
バラバラになって、
また❶から遊んでもいいね。

❹ こっちのみずは

4人で回る

❺ あまいぞ

みんなでじゃんけん

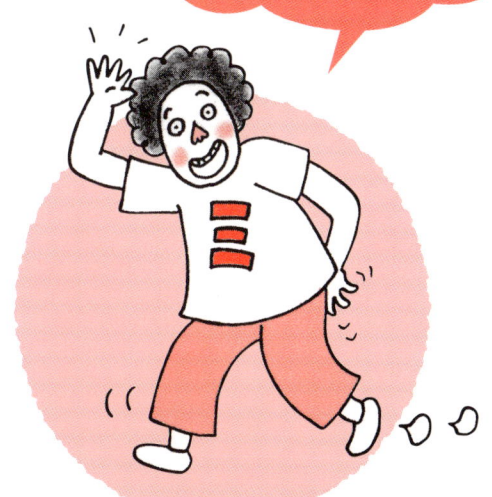

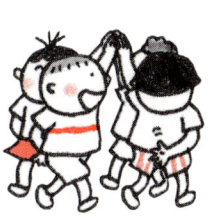

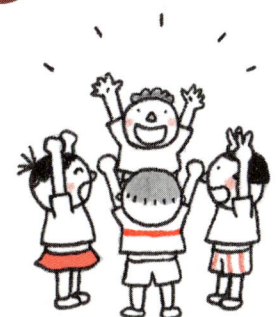

ふたあつ

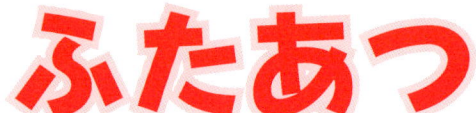

多人数でできる歌遊びです。
元気よく遊べるよう、まずは振りをしっかり覚えましょう。

1歳児～年長

隊形 自由

1 ふたあつ
右手を前に

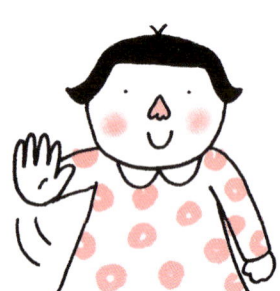

2 ふたあつ
左手を前に

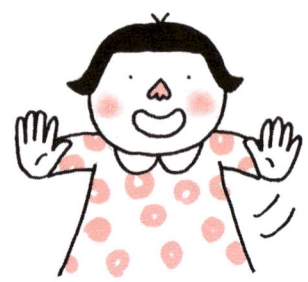

3 なんでしょね
手をクルクル回す

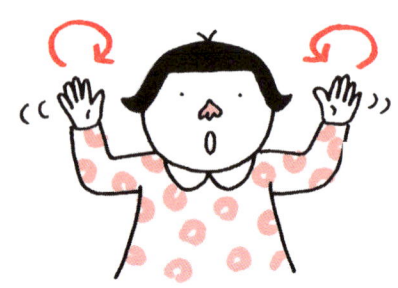

4 おめめが　いちに
手で双眼鏡をつくってのぞく

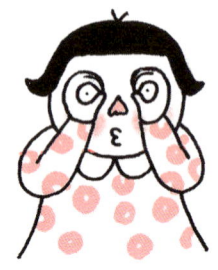

5 ふたつでしょ
のぞいたまま揺れる

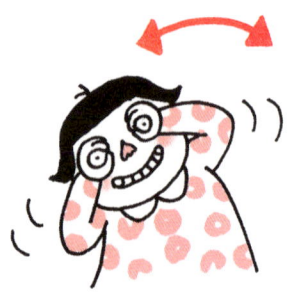

6 おみみも　ほらね
耳に手をかぶせる

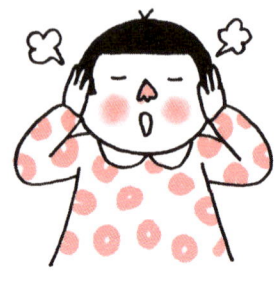

2番　1～3は同様

8 おててが　いちに
両手をにぎる

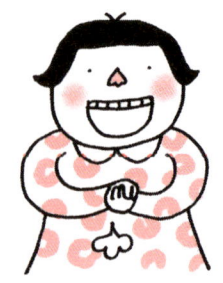

9 ふたつでしょ
そのまま揺れる

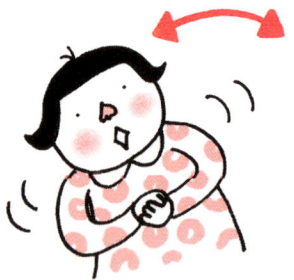

10 あんよも　ほらね
膝に手を置く

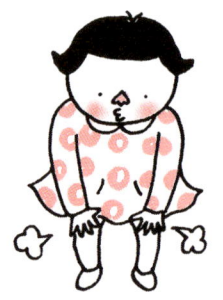

11 ふたつでしょ
そのまま揺れる

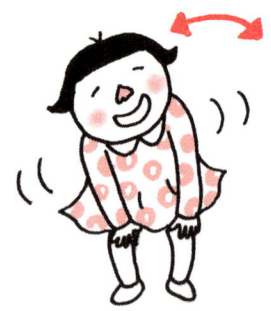

親子で遊ぼう！

1人のときに触って揺れて遊んだところを、相手の体の部位に変えて遊んでみてね。

ふたあつ
作詞／まど・みちお　作曲／山口保治

Moderato（可愛らしく）

1. ふたあつ　ふたあつ　なんでしょ　ね
2. ふたあつ　ふたあつ　まだあーって
3. まだまだ　いいもの　なんでしょか

おめめが　いちに　ふたつで　しょ
おててが　いちに　ふたつで　しょ
まあるい　あれよ　かあさん　の

おみみも　ほらね　ふたつで　しょ
あんよも　ほらね　ふたつで　しょ
おっぱい　ほらね　ふたつで　しょ

♪7 ふたつでしょ
そのまま揺れる

歌詞に出てくる体の部位のほかにも、おでこやおしりをはじめ、いろいろな部分を触りながら左右に揺れてもいいよね。

3番　♪1〜♪3は同様

♪12 まあるい　あれよ
腕組みする

♪13 かあさんの
そのまま揺れる

♪14 おっぱい　ほらね
胸を触る

♪15 ふたつでしょ
そのまま揺れる

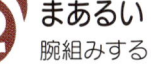

8月の遊び

なみとかいがら

遊ぶ前に、パートナーを決めてから始めよう。
クラスの友達や小さい子と遊んでも楽しいよ。

 二人向かい合って

♪1 1番 うずまきかいがら どうしてできた
手をぐるぐる回す

♪2 なみが ぐるぐる
フラダンスのように

♪3 うずまいて でき
貝殻を閉じるように両手を閉じる

♪4 た
両手を上下に広げてにらめっこ

♪5 2番 ももいろ かいがら どうしてできた
にっこりして、左右に体を揺らす

♪6 3番 まんまる かいがら どうしてできた
手を丸めて目に当て、のぞきっこをする

親子で遊ぼう！

大人は立ちひざになって遊ぼう。

なみとかいがら
作詞／まど・みちお　作曲／中田喜直

♩=90　mp

1. うずまきかいがら どう してできた
2. ももいろかいがら どう してできた
3. まんまるかいがら どう してできた

p　　　　　　　　mp

な みがぐるぐる うずまいて できた
な みがきんきら ゆうやけて できた
な みがまんまるい あわたてて できた

ポイント

すごく顔を近づけて遊ぶと楽しいよ。小さい子にしてあげるといいんじゃない。大人にも教えて遊ぼうよ！

♪はとにかく変な顔！にらめっこだからね。みんなでいろんな貝殻を考えてみてもいいかもね！

8月の遊び

手のひらを太陽に

2人組で遊ぶ遊びです。
親子体操として遊んでも楽しいし、
子どもどうしで遊んでもおもしろいよ。

3歳以上 🌼 二人向かい合って

1 ぼくらは
手拍子2回

2 みんな
両手を二回合わせる

3 いきて
♪1と同様

5 いきて いるから うたうん
その場で一回転

6 だ
左手を腰に当てて、
握った右手を突き出す

7 ぼくらは〜いきている
♪1、♪2と同様

10 まっかに
右手を左前方に突き出し、
右に動かして相手の手にタッチ

11 ながれる
左手を右前方に突き出し、
左に動かして相手の手にタッチ

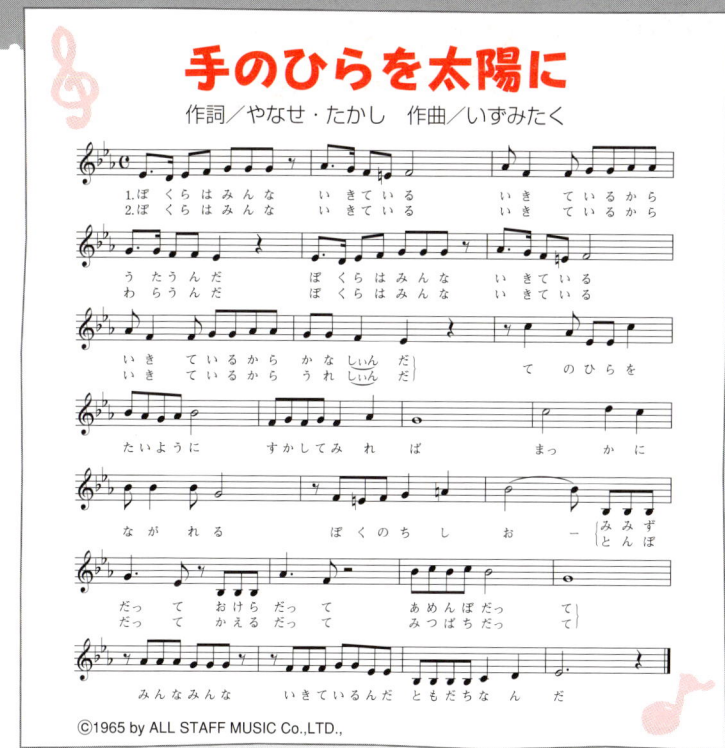

手のひらを太陽に

作詞／やなせ・たかし　作曲／いずみたく

4 いる

2と同様

8 いきているからかなしいんだ

5、6と同様

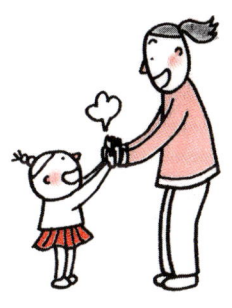

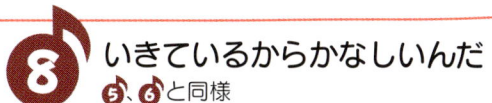

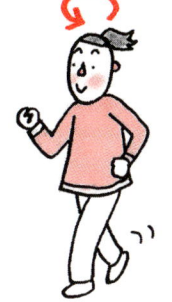

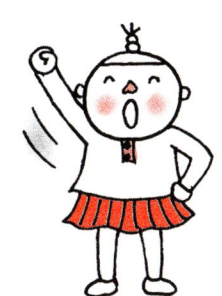

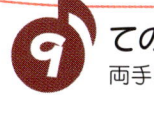

9 てのひらを　たいように　すかしてみれば

両手を回しながら左手で相手の手にタッチ

12 ぼくの　ちし

10と同様

13 お

11と同様

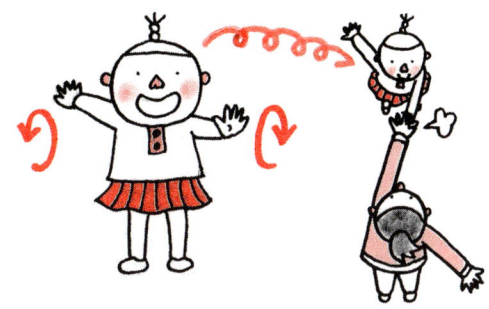

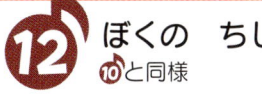

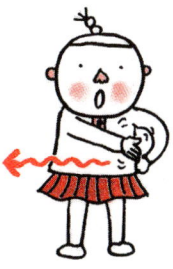

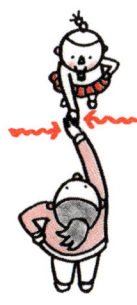

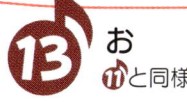

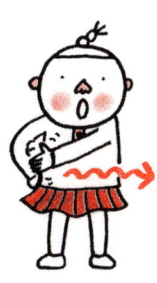

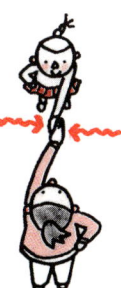

8月の遊び

⑭ みみずだって
ミミズのまね

⑮ おけらだって
オケラのまね

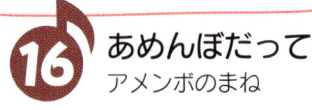
⑯ あめんぼだって
アメンボのまね

⑰ みんなみんな
右手を揺らしながら挙げる

⑱ いきているんだ
左手も揺らしながら挙げる

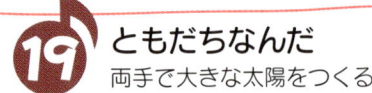
⑲ ともだちなんだ
両手で大きな太陽をつくる

ふたりとも同じ動作だから本番までは
子どもどうしで練習して、参観日や運動会などのときに
おとなには「子どものまねをして踊ってください」とひと言。
そうすればばっちり。

手のひらを太陽に

♪ **14** 【2番】 とんぼだって
トンボのまね

♪ **15** かえるだって
カエルのまね

♪ **16** みつばちだって
ミツバチのまね

自分だけの生物描写をしてみよう！

外に出て歌に出てくる生物を観察してみよう。そこから自分だけの「ミミズ」や「オケラ」「アメンボ」を踊ってみよう。

♪スズメだって

♪カゲロウだって

♪イナゴだって

それぞれなりきってまねしてみよう！

9 月の遊び

つき

体で月を表現して遊んでみよう。動きのテーマは、ずばり「○」。
体を使って丸をつくろう。

1〜3歳児 　隊形 自由

♪1 でたでた つきが
両手で円を描くように
おなかをさする

♪2 まるい まるい まんまるい
大きく手を回す

♪3 ぼんのような つきが
ジャンプして回る

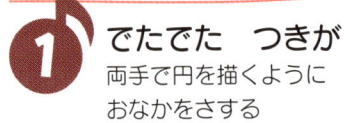

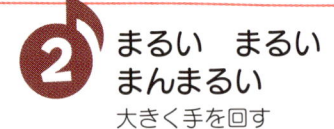

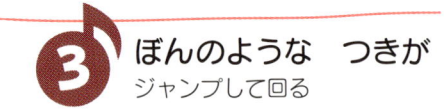

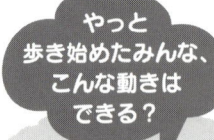

> やっと歩き始めたみんな、こんな動きはできる？

親子で遊ぼう！
（大人は伸ばした足の上に子どもを乗せる）

♪1 でたでた つきが
顔の前で丸をかく

♪2 まるい まるい まんまるい
両手で顔をなでる

♪3 ぼんのような つき
腕で平らなお盆をつくって顔の下に

♪4 が
顔を近づける

つき
文部省唱歌

♩=88

1. でた でた つきが まーるい まーるい まんまるい ぼんのような つきが
2. かくれた つきも まーるい まーるい まんまるい すみのような つきが
3. また でた つきが まーるい まーるい まんまるい ぼんのような つきが

乳児のみ 二人向かい合って
歌いながら、円を描くようにさする

触って触って、さすってさすって、回して回して、スキンシップを楽しもう！

3歳以上 隊形自由

1 でたでた つきが
両手を回す

2 まるい まるい まんまるい
足を回す

3 ぼんのような つきが
手と首を回す

両足でしっかりふんばって遊ぶと簡単。でも片足を上げると……！？あらあらバランスが！できるようになったら片足で立って「首、足、手」「腰、手、足、目」とか、同時に回して遊んでみよう。難しいよ。

9月の遊び

かわいいかくれんぼ

歌いながらできる鬼遊びだよ。
最初は保育者が鬼になって遊び始めよう!

1歳児〜年長 　輪になって

♪準備 輪になって右手を上げる。
最初は保育者が鬼になると遊びだしやすい

♪1 ひよこがね〜だんだん　だれが
鬼は、子どもたちの手にタッチしながら
円の外側を反対向きに進む

♪2 めっかった
歌の終わりにタッチした子の手をつかむ

♪3 手をつかまれた子は、鬼の後ろに並んで鬼になり、
また最初から始める

かわいいかくれんぼ

作詞／サトウ　ハチロー　作曲／中田喜直

可愛らしく ♩=104

1. ひよこがね　おにわで ぴょこぴょこ
2. すずめがね　おおやねで ちょんちょん
3. こいぬがね　のはらで よちよち

かくれんぼ　どんなに じょうずに かくれても
かくれんぼ　どんなに じょうずに かくれても
かくれんぼ　どんなに じょうずに かくれても

もも きいろい あんよが
もも ちゃいろの ぼうしが　}みえてるよ
もも かわいい しっぽが

だんだん だれが めっかった——

> みんなで遊ぶとあっという間。
> 1、2、4、8、16、32……と、
> 鬼がドンドン増えていくからね。
> 何度も繰り返し遊んでみよう。

> 大きな子は、目をつぶって遊んでも楽しいね。

1～3歳児　隊形 自由　大人が鬼になる。

親子で遊ぼう！

1　ひよこがね～だんだん　だれが
鬼は子どもたちを追いかけてタッチする
つかまえたら、一緒に歌う

2　めっかった
歌の終わりにつかまえた子を、持ち上げる

9月の遊び

むらまつり

多人数でできる歌遊びです。
元気よく遊べるよう、まずは振りをしっかり覚えましょう。

1〜3歳児 　輪になって

1 むらの
手拍子2回

円になって

2 ちんじゅの
ためて伸びる

3 かみさま
手拍子2回

こんな隊列で 　**1**〜**4**までは輪になって歩きながら動きます。

5 きょうは
右手で汗をふき

6 めでたい
左手で汗をふき

7 おまつりび
手を交互にひじへ

8 ドンドンヒャララ〜
ドンヒャララ
跳びはねる

内向きで

9 あさから
右足上げる

10 きこえる
左足上げる

こんな隊列で 　**8**〜**13**は輪の中心を向いて動きます。

むらまつり

文部省唱歌　編曲／小島弘章

♩= 84

1. むーらの ちんじゅの かみさまの
2. とーしも ほーきね んまかくで
3. みーのりの あーきに かみさまの

きょうは めでたい おまつりび
むらはは そたえる おまつら
めぐみ たたえる むらまつり

ドンドンヒャララ ドンヒャララ ドンドンヒャララ ドンヒャララ
ドンドンヒャララ ドンヒャララ ドンドンヒャララ ドンヒャララ
ドンドンヒャララ ドンヒャララ ドンドンヒャララ ドンヒャララ

あさからきこえる ふえたいこ
よるまでにぎやか えいやとさ
きいてもこころが うきうきつ

④ の — ためて伸びる

みんなで、輪になり踊ろう。
「ドンドン……」のところでは
思い切り跳びはねよう。

歌詞の「ドンドンヒャララ
ドンヒャララ」のところは
みんなで好きに踊ってもいいかもね！
例えば楽器を持つまねとかね〜！

⑪ ふえ — 両手両足を開く

⑫ たい — 手を腰に

⑬ こ — 後ろを見てニッコリ

9月の遊び

親子で遊ぼう！
向かい合って両手をつないだら遊び始めよう！

1 むらのちんじゅの
ぐるりと一回転して外を向く

2 かみさまの
手をつないだまま振る

5 び
向かい合って顔を近づける

6 ドンドン　ヒャララ　ドン　ヒャララ
❸と同様

8 あさからきこえる
❸と同様

9 ふえたい
❹と同様

むらまつり

3♪ きょうはめでたい
子どもはポーズをし、おとなはしゃがんで拍手

4♪ おまつり
おとながポーズをし、子どもはしゃがんで拍手

7♪ ドンドン　ヒャララ　ドン　ヒャララ
♪4と同様

10♪ こ
♪5と同様

> 好きなポーズとっている時、思い切りほめてあげよう。その気になってすごいポーズがでるかも。

> ポーズコンテスト。だれがかっこいいポーズ。かわいいポーズできるかな？

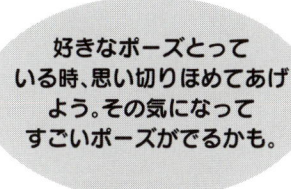

43

10月の遊び

でぶいもちゃん ちびいもちゃん

少し難しい振りもあります。
まずは、保育者が手本を見せながら遊びましょう。

1歳児〜年長　隊形自由

♪1 【1番】 でぶいもちゃん つちのなかで
転がる

♪2 なにしてたの
両手足を上にあげてポーズし、立ち上がる

♪3 もぐらと
両手を上にあげてポーズ、おなかの前におろしてもう一回ポーズ

♪4 おすもう なんか
両手を開き、交差する

♪5 してたのかい
手刀をきる
＊勝ち力士が懸賞金を受け取るときにする動き

♪6 【2番】 ちびいもちゃん つちのなかで
転がる

♪7 なにしてたの
ひざを抱えてポーズし、立ち上がる

♪8 みみずと
反って動かない

親子で遊ぼう！

♪、♪のところは、どちらが早く起きられるか競争してみよう。

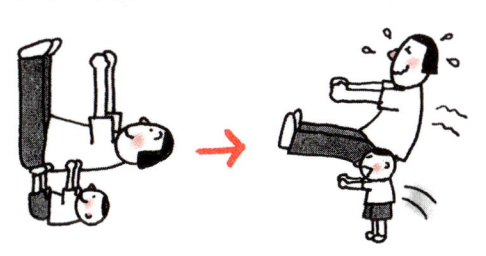

でぶいもちゃん ちびいもちゃん
作詞／まど・みちお　作曲／湯山 昭

あどけなく ♩=116

1. でぶいもちゃん つちーの なかで なにしてた の もぐらと おけーんか なんかしてた のかい
2. ちびいもちゃん つちーの なかで なにしてた の みみずと おすもう なんかしてた のかい

♪9 けんかなんか
手を上下に揺らしながら閉じ開き

♪10 してたのかい
3回ねじる

♪と♪でじょうずに立てた？慣れてきたらいろんな立ち方をしてみよう。前転してからとか、みんなで手をつないだりして……とか。できるかな？

モグラやミミズ以外の動物をみんなで考えてもいいかもね!!　例えば、ライオンとか。

10月の遊び

どんぐりころころ

歌に合わせて、体を動かして遊べるよ。
楽しさを存分に味わってね。

1歳児〜年長 　隊形 自由

1 どんぐり ころころ ドンブリコ
両手で輪をつくり上下させる

2 おいけに はまって さあ
かい繰りしながら屈伸

3 たいへん
両手を上げる

4 どじょうがでてきて
足踏みする

5 こんにちは
おじぎする

6 ぼっちゃん
右に向かって両手で手招き

46

親子で遊ぼう！

親子で向かい合って遊んでみてね。
♪2, ♪3, ♪4 はこんなふうに変えて遊ぶと楽しいよ。

おいけにはまって
さぁ、たいへん

どじょうが
でてきて…

どんぐりころころ

作詞／青木存義　作曲／梁田 貞

♩=60

1. どんぐりころころ　ドンブリコ
2. どんぐりころころ　よろこんで

おいけにはまって　さあたいへん
しばらくいっしょに　あそんだが

どじょうがでてきて　こんにちは
やっぱりおやまが　こいしいと

ぼっちゃんいっしょに　あそびましょう
ないてはどじょうを　こまらせた

♪7 いっしょに
左に向かって両手で手招き

♪8 あそびましょう
手を振りながらその場で一回転

> 練習してできるようになるのも大事だけど、リズムに合わせて楽しく踊れる振りにしてみました。

> 小さい子には歩く、手を振るなどできる動作にかぎりがあると思うんだ。片足立ちとかは難しいね。ゆっくりゆっくり歌って遊ぼう。

どんどん変化させよう

他の遊びや体操にも同じことが言えるのだけれども、「私のクラスには難しいな」と思ったら、どんどんアレンジしていいよ。また逆に「もう少し難しくしたいな」と思ったら、それもどんどん変えてみてね。自分のクラスに合った遊びや体操にしていこう。

11月の遊び

てててて

小さな子から年長児まで、
大人と2人組で触れ合って遊んでみてね。

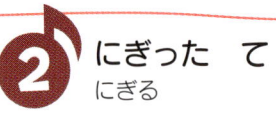

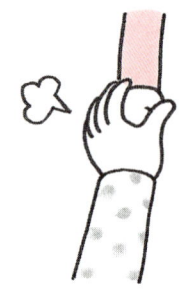

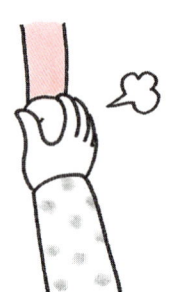

1歳児〜年長 **2人組** **親子で遊ぼう！**

♪1 てててて
子どもの手の甲をパンパンパン

♪2 にぎった て
にぎる

♪3 にぎった ては かあさんの
手を伸ばして振る

2番

♪5 てててて
♪1と同様

♪6 ひらいた て
手を広げる

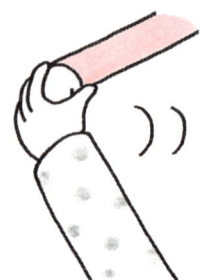

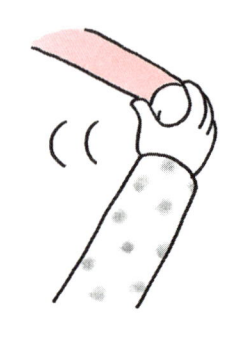

3番

♪9 てててて
♪1と同様

♪10 あわせた て
ぎゅーと挟む

♪11 あわせた ては ごはんの
♪3と同様

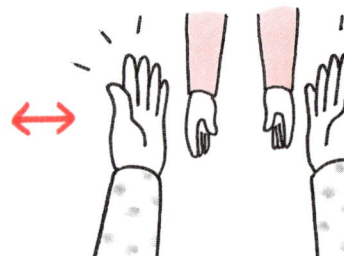

てても

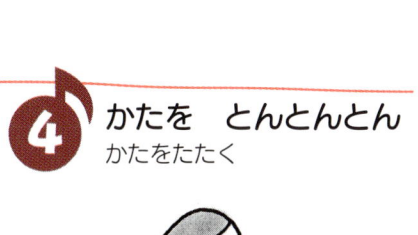

作詞／まど・みちお　作曲／渡辺 茂

♩=100　mf

1. て　て　て　て　にぎったて
2. て　て　て　て　ひらいたて
3. て　て　て　て　あわせたて

にぎったて　はは　かあさんのの
ひらいたて　はは　ねんどのどの
あわせたて　はは　あごはーんの

かおだま　たごえ　をに　とんころじゃぶ　とんころじゃぶ　とんころじゃぶ

④ かたを　とんとんとん
かたをたたく

⑦ ひらいた　ては　ねんどの
❸と同様

⑧ おだんごを　ころころころ
子どもの顔を揺らす

⑫ まえに　じゃぶじゃぶじゃぶ
体中をさする

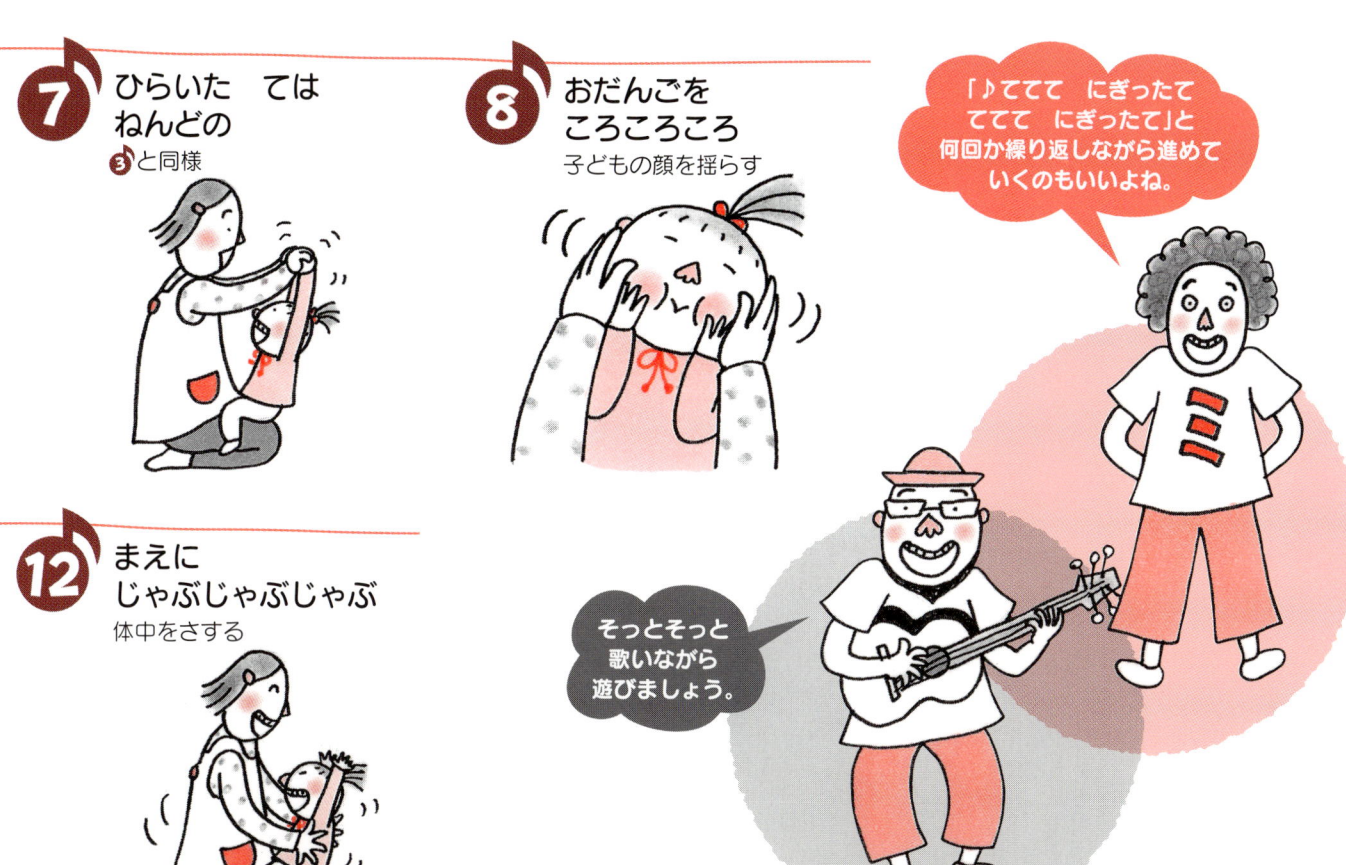

「♪てても　にぎったて　てても　にぎったて」と何回か繰り返しながら進めていくのもいいよね。

そっとそっと歌いながら遊びましょう。

49

11月の遊び

たきび

友達と触れ合ったり、座ったり立ったりを繰り返すなかで、体がぽかぽか温まるよ。

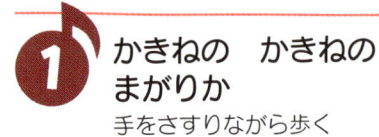

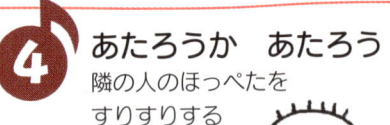

1～3歳児 輪になって

1 かきねの かきねの まがりか
手をさすりながら歩く

2 ど
抱き合う

3 たきびだ たきびだ おちばたき
お互いにさすりながら歩き、最後に抱き合う

4 あたろうか あたろう
隣の人のほっぺたをすりすりする

5 よ
背中合わせ

6 きたかぜ ピープー ふいてい
座る

7 る
立つ

たきび

作詞／巽 聖歌　作曲／渡辺 茂

♩=104

1. かきねの　かきねの　まがりかど
2. さざんか　さざんか　さいたみち
3. こがらし　こがらし　さむいみち

たきびだ　たきびだ　おちばたき
たきびだ　たきびだ　おちばたき
たきびだ　たきびだ　おちばたき

あたろうか　あたろうよ
あたろうか　あたろうよ
あたろうか　あたろうよ

きたかぜ　ピープー　ふいている
しもやけ　おててが　もうかゆい
そうだん　しながら　あるいてく

「♪きたかぜ〜」のところは、おしくらまんじゅうやくすぐりっこでもいいね。

2番、3番と曲が進んで行くと、立つのがたいへんになってくるよ。♩で人数が増えるからね。ゆっくりあわてず立とう。

親子で遊ぼう！
（大人はあぐらをかいて座り、子どもをその上に乗せる）

♩1 かきねの　かきねの　まがりか
手をさする

♩2 ど
子どもを抱きしめる

♩3 たきびだ　たきびだ　おちばたき
♩1、♩2と同様に

♩4 あたろうか　あたろうよ
ほっぺを合わせてすりすりする

♩5 きたかぜ　ピープー　ふいている
ほっぺをぐりぐりする

♩6 歌い終わりに「ふー」と息を吹きかける

11月の遊び

ぞうさん

まずは2人組になって遊んでみてね。
うまく遊べるようになったら、5人組にもチャレンジしてみよう！

3歳以上　2人組or5人組

2人組編

準備 ♪ 2人組になり、背中合わせで両腕それぞれ組む

1 ♪ ぞうさん
ぎったん

2 ♪ ぞうさん
ばっこん

3 ♪ おはなが ながいのね
①、②と同様

4 ♪ そうよ かあさんも
腕を組んだまま、何度も回る

5 ♪ ながいの
腕を組んだまましゃがむ

6 ♪ よ
腕を組んだままいっしょに立ち上がる

親子で遊ぼう！

♪〜♪ 親が子どもを抱き上げたり下ろしたりする。

♪〜♪ 2人組編と同様に。

いっしょに立ち上がるのは難しい。親子で気持ちを合わせて挑戦してみよう

ぞうさん

作詞／まど・みちお　作曲／團 伊玖磨

1. ぞ　う　さん　　ぞ　う　さん
   お　はなが　ながいのね　　そ　う　よ
   か　あさん　も　　なが　いの　よ
2. そ　う　さん　　ぞ　う　さん
   だ　ー　れが　すきなーの　　あ　のね
   か　あさん　が　　す　きなの　よ

> うまく立ち上がれた？呼吸を合わせて立つのって意外と難しい。

> 人数が増えると大人でも難しい。目標はクラスみんなで立ちあがるぞ！

5人組編

準備 5人が外側を向いて円をつくり、隣の人と腕を組む

1 ぞうさん おしくらまんじゅうのように背面で押す

2 ぞうさん 組んだ腕が離れない程度に、外に向かって広がる

3 おはながながいのね 1、2と同様

4 そうよかあさんも 腕を組んだまま、何度も回る

5 ながいの 腕を組んだままし ゃがむ

6 よ 腕を組んだままいっしょに立ち上がる

12月の遊び

ゆき

2人組になって遊ぶよ。体のいろいろな部分を
くっつけっこして遊べば、心も体も温まるね!

1〜3歳児 二人向かい合って

♪1 ゆ
ほっぺたに
両手をつける

♪2 きゃ
ひざを曲げ
ながら、両手を
頭の上に

♪3 こんこ
頭をくっつけっこ

❸の「♪こんこ」の部分は、みんなで相談して、頭以外にもおなか、手など、いろいろくふうしてみましょう!

♪5 れや
ひざを曲げ
ながら、両手を
頭の上に

♪6 こんこ
頭をくっつけっこ

❸と❻で体のほかの部分をぶっつけっこ!

♪8 やー　まも　のはらも　わた　ぼうし　かぶり
♪❶と同様　♪❷と同様　♪❸と同様　♪❹と同様　♪❺と同様　♪❻と同様

や → まも → のはらも → わた → ぼうし → かぶり

54

ゆき

文部省唱歌

♩=92

1.2. ゆーき や こんこ あられ や こんこ ふっては ふっても
ふっては ずんずん つもる やーま も のはらも
ふっても まだふり やまぬ いーぬ は よろこび
わたぼうし かぶり かれき のこらず はながさく
にわかけまわり ねこ は こたつで まるく なる

4 あら
ほっぺたに両手をつける

7 ふっては ふっては ずんずん つもる
向かい合って両手をつなぎ、クルクル回る

9 かれき のこらず はながさく
♪7と同様

バリエーション

歌詞の**3**、**6**部分の動作をハイタッチに

みんなで集まってやってみよう

♪ゆ〜きや こんこ．

12月の遊び

親子で遊ぼう！ *2番で遊んでみましょう

♪1 ゆ
大人は子どもの手の上に自分の手を重ねて ほっぺを触る
親

♪2 きや
頭を触る

♪5 ふっても ふっても
まだふり やまぬ
子どもを振る

♪6 いぬは
犬のまね

♪9 ねこは
猫のまね

♪10 こたつで
「ニャーニャー」と替えて歌いながら猫のまね

♪11 まるくなる
子どもを抱きしめる

ゆき

3♪ こんこ
おでことおでこを合わせる

4♪ あられや こんこ
①〜③と同様に

7♪ よろこび
「ワンワン」と替えて歌いながら犬のまね

8♪ にわ かけまわり
走るまね

> バランスをとるとき、足をできるだけ上げよう。揺れようと思ってないのにあらあら？フラフラ。

12♪ バランスをとる

> べたべた触っちゃおう。ホッペに頭。髪がぐちゃぐちゃになるくらい触っちゃえ〜。

57

12月の遊び

あわてんぼうのサンタクロース

小さい子も大きい子も
みんなで歌いながら楽しめるよ。
クリスマス会などで遊んでも楽しいね。

1歳児〜年長 　**隊形 自由**

♪1 あわてんぼうのサンタクロー
手をクロスする（何回か繰り返す）

♪2 ス
袋を持つまね

♪3 クリスマスまえにやってき
左右に揺れる

♪5 いそいで
グーを突き出す

♪6 リンリンリン
突き出した手を振る

♪7 いそいで　リンリンリン
5と6を左右反対で

♪9 リンリンリン
右側で手拍子

♪10 リンリンリン
左側で手拍子

♪11 リンリンリン
もう一度右側で手拍子

楽器も使ってみよう！

「♪リンリンリン」に合わせて楽器を鳴らしながら合唱してもいいよね。鈴、タンバリン、カスタネットなど、楽器をくふうして鳴らしてみるといいね。

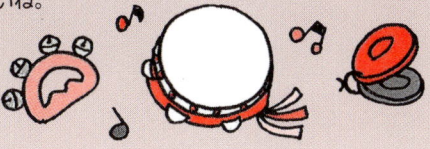

あわてんぼうのサンタクロース
作詞／吉岡 治　作曲／小林亜星

♪4 た
驚く

♪8 ならしておくれよ　かねを
手だけ揺らす

「踊りに集中して歌うの忘れた」とか「歌に集中して踊るの忘れた」とならないよう、合唱しながら踊れるようにつくったので「上半身のみの踊り」です。大きい声で歌いながら踊りましょう。

親子で遊ぼ！

クリスマス会で、親子で並んでやってみよう。

1月の遊び

おなかのへるうた

2人組で遊んでみてね。最後は、背中合わせになったら背中を、向かい合わせになったらおなかをくっつけてみよう。

1歳児〜年長 　二人向かい合って

♪1 どうして
頭をポンポンとたたく

♪2 おなかが
おなかをポンポンとたたく

♪4 のか
構えた両腕を左に

♪5 な
♪3と同様

♪6 けんかを
右肩を左手、左肩を右手でトントンとたたく

♪10 な
♪5と同様に

♪11 なかよく
太ももをポンポンとたたく

♪12 してても
♪2と同様

おなかのへるうた

作詞／阪田寛夫　作曲／大中 恩

1. どうしておなかがへるのかな
   けんかをするとへるのかな
   なかよししててもへるもんな
   かあちゃん かあちゃん
   おなかとせなかがくっつくぞ
2. どうしておなかがへるのかな
   おやつをたべないとへるのかな
   いーくらたべてもへるもんな
   かあちゃん かあちゃん
   おなかとせなかがくっつくぞ

3 へる
構えた両腕を右に

7 すると
❷と同様

8 へる
❸と同様に

9 のか
❹と同様に

13 へるもんな
❸、❹、❺と同様

1月の遊び

14 かあちゃん
右を向く

15 かあちゃん
左を向く

17 せなかが
背中をくっつける

18 くっつく
横を向いて並ぶ

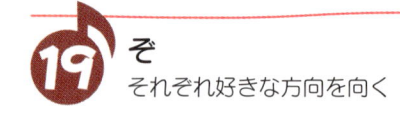

19 ぞ
それぞれ好きな方向を向く

おなかのへるうた

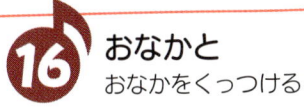

16 おなかと
おなかをくっつける

背中と背中。おなかとおなか。同じになったかな。くっつく瞬間ドキドキしちゃうよ。同じになったらギュッと抱きしめよう。

親子で遊ぼう！

親子で組んで遊んでみよう。くふうして、おなかや背中をくっつけてみてね！

前半の振りを覚えたら頭・肩・ひざのところの順番を変えてみよう。ここも同じになるかな〜？

1月の遊び

おしょうがつ

グーチョキパーのポーズを覚えたら、繰り返し歌い、遊びましょう。

1〜3歳児 / **隊形 自由**

♪1 もう いくつ
目の上に手をかざして探しているポーズ

♪2 ねる と
1の反対側を探しているポーズ

♪3 おしょうが
手を合わせて顔の右、左に当てる

♪4 つ
右手でピースを作って前に出す

♪5 おしょうがつには
首を傾けて考えるポーズを右、左

♪6 たこあげて
手を下に下げて下を向き、「て」で顔を上げて両手を広げて上に上げる

♪7 こまをまわして
両手をチョキにして揺れる

♪8 あそびましょう
両手をグーにして体の前で合わせ、「しょう」で手を頭上に挙げる。顔をふくれた顔にする

親子で遊ぼう！

親子で組んで遊んでみよう！

おしょうがつ
作詞／東 くめ　作曲／滝 廉太郎

♩ = 112

1.2. もう いくつ ねると おしょうがつ
おしょうがつには たこあげて
おしょうがつには まりついて
こまを まわして あそびましょう
おいばねついて あそびましょう はやく
こいこい おしょうがつ

じゃんけんに慣れるまでがたいへん。
グーのポーズで手がチョキ？
グーのポーズで手がパー？
まちがえないでね。

グーチョキパーを使って、
いろいろなポーズを
考えてみよう

9　はやく こいこい
手を右、左と片手ずつ前に出して
ゆらゆらさせる

10　おしょうがつ
6、7、8 のポーズを続けて

11　「ポイ！」
「ポイ」とかけ声をかけて
ポーズをしながらじゃんけん

1月の遊び

やぎさんゆうびん

保育室やホールで、みんなで遊ぶと楽しいよ!
動きも簡単だから、異年齢で小さいクラスの子たちと触れ合って遊んでもいいね。

1〜3歳児 　隊形 自由

♪1 しろ やぎ さん から

- しろ　手をたたく
- やぎ　手を広げる
- さん　手をたたく
- から　手を広げる

♪3 くろ やぎ さん たら

- くろ　手をたたく
- やぎ　手を広げる
- さん　手をたたく
- たら　手を広げる

> じゃんけんのタイミングはそれぞれに

♪5 しかたがないのでおてがみかいた
パートナーを探してじゃんけんをする

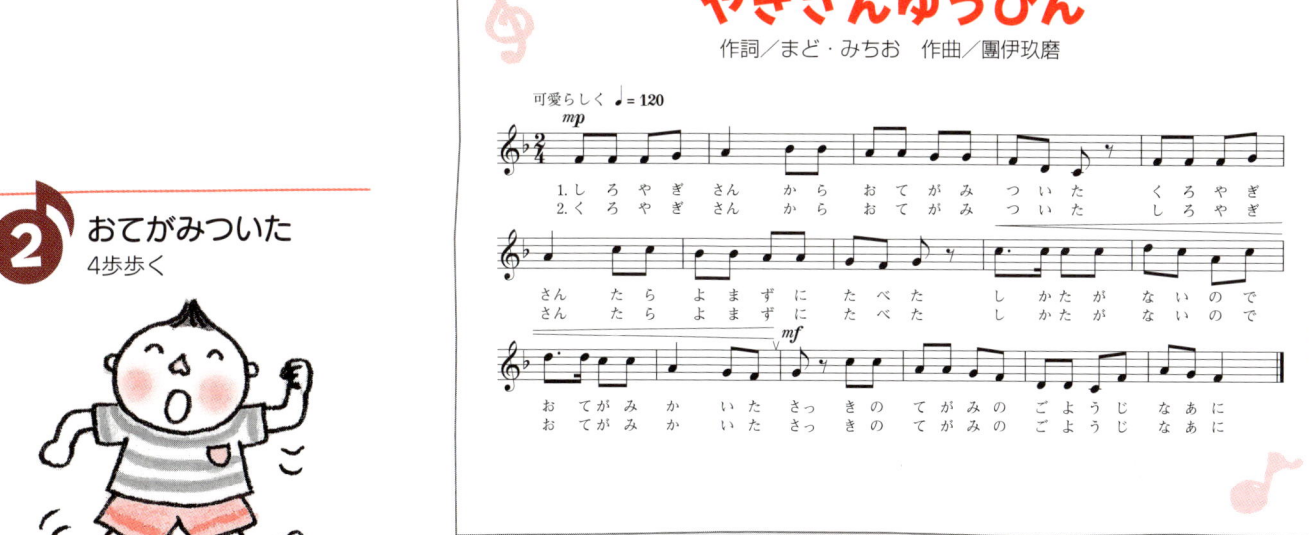

やぎさんゆうびん
作詞／まど・みちお　作曲／團伊玖磨

可愛らしく ♩=120
mp

1. しろやぎさん から おてがみ ついた くろやぎさん たら よまずに たべた しかたが ないので おてがみ かいた さっきの てがみの ごようじ なあに
2. くろやぎさん から おてがみ ついた しろやぎさん たら よまずに たべた しかたが ないので おてがみ かいた さっきの てがみの ごようじ なあに

mf

② おてがみついた
4歩歩く

④ よまずにたべた
4歩歩く

⑥ さっきのてがみのごようじなあに
勝った方が背中に○△□をかき、負けた方が当てる

うまくできるかな？

くすぐるのもいいね

1月の遊び

バリエーション　1〜3歳児　隊形自由

♪1 しろやぎさんから おてがみついた
保育者がみんなを ツンツンして回る

♪2 くろやぎさんたら よまずにたべた
さらにツンツンして回る

♪3 しかたがないので おてがみかいた
手拍子

3歳以上　親子で遊ぼう！

♪1 しろやぎさんから おてがみついた
右手に字を書く

♪2 くろやぎさんたら よまずにたべた
左手に字を書く

♪3 しかたがないので （せなかに） おてがみ かいた
（　）内を追加して歌いながら、背中に指を当てる

やぎさんゆうびん

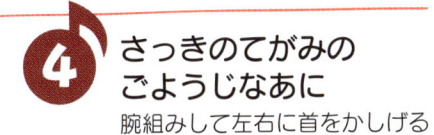

♪④ さっきのてがみの
　　ごようじなあに
腕組みして左右に首をかしげる

みんなでワ～ッって動くのも好きだけど、保育者から個別に何かしてもらうのも、子どもたちは大好き。

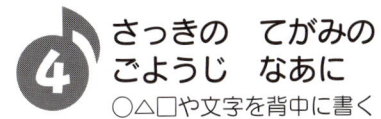

♪しろやぎ（ツンツン）
♪さんから（ツンツン）
といった具合にツンツンすれば、1曲で8人までツンツンできます。繰り返し歌ってクラス全員をツンツンして回ろう。

バリエーション

♪④ さっきの　てがみの
　　ごようじ　なあに
○△□や文字を背中に書く

（　）内の歌詞は、足の裏、頭など、くすぐったそうなところにしてみよう。

♪④では子どもの名前を書いてもいいし、大好きな物を書いてもいいね。

2月の遊び

北風小僧の寒太郎

腕や体を回したり、ジャンプしたり、しゃがんだり。できるだけ大きく動かしましょう。

1～3歳児　隊形自由

1 きたか 腕を回す
2 ぜ 伸びる
3 こぞう 腕を回す
4 の 伸びる

5 かんたろう（かんたろう） 遠くを指す
6 ことしも 右に3歩跳ぶ
7 まちまで 左に3歩跳ぶ
8 やってきた 前に3歩跳ぶ

10 ヒューン 首を回す
11 ヒューン 上半身を回す
12 ヒュルルンルンルンルン 全体を回す
13 ふゆで 手首を振りながらしゃがむ

北風小僧の寒太郎

作詞／井出隆夫　作曲／福田和禾子

風になってみよう。
思いきり体をユラユラ
フラフラさせよう。

「♪かんたろう」を
クラスの友達の名前にして
歌って踊ってみよう
(♪のところね)。
そのポーズを
まねしてみよう。

9 (やってきた)
後ろに3歩跳ぶ

14 ござんす
手首を振りな
がらしゃがむ

15 ヒュルルル
ルルルン
体を揺する

親子で遊ぼう！

⑩、⑪、⑫の部分で、親子で息をかけあったり、
つめの先です～っとなでっこをしよう。

71

2月の遊び

ゆきのこぼうず

2人組で行います。慣れてきたら、いろいろなバリエーションを試したり、ペアを変えたりして遊びましょう。

1〜3歳児 二人背中合わせに

1
ゆきのこぼうず　ゆきのこぼうず　やねにおり
2人組で背中合わせに座って交互に押し合う

2
た
振り向いて手を合わせる

どちらに振り向くか決めないで遊んでも楽しい

3
つるりとすべって
背中をさすり合う

③④⑤を向かい合わせでやってみてもいいね

4
かぜにのってきえ
同じ側の手をつないで、横に揺れる

ゆきのこぼうず

作詞／村山寿子　外国曲

♩=63

1. ゆきの こぼうず ゆきの こぼうず
2. ゆきの こぼうず ゆきの こぼうず
3. ゆきの こぼうず ゆきの こぼうず

やねに おりた つるりと
いくさに おおりた つじーっと
けさに おり たた るりと

1. すべって かぜにのって きえた
2. もぐって みんなみんな なきえた
3. すわって みずになって きえた

親子で遊ぼう！

親子でも遊んでみよう！　大人は子どもの手の長さに合わせて腕を動かしてね。

♪ **5** た
上でパンと手をたたく

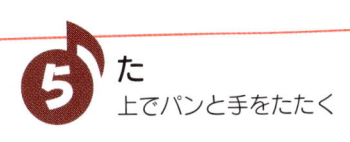

> 振り向いたときに変な顔をしてみよう。おもしろさ、2ば〜い、2ば〜い！

> 背中合わせで動くのは結構たいへん。ちょっと怖いしね。♪❹で手をつなぐのだって、振り向かずにするのはひと苦労。何度もチャレンジしてみよう。

73

2月の遊び

はしれちょうとっきゅう

新幹線になりきって、ビュワーンとポーズをしてみてね。

1歳児〜年長 ／ **隊形 自由**

♪ **1** ビュワーン
右を向いてポーズ

♪ **2** ビュワーン
左を向いてポーズ

♪ **3** はし
構える

♪ **5** あおい ひかりの ちょうとっきゅう
手を前に突きだしたまま、小走りで一回転

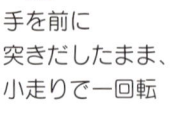

♪ **6** じそく
胸を張る

♪ **7** にひゃく
右手をピース

♪ **11** はしる
③、④と同様に

♪ **12** ビュワーン×3回
①、②と同様に

♪ **13** はしる
③、④と同様にしてから⑨と同様に

74

はしれちょうとっきゅう

作詞／山中 恒　作曲／湯浅譲二

1. ビュワーン ビュワーン はしる あおいひかりの
   ちょうとっきゅう じそくにひゃく ごじゅーっキロ
   すべるようだな はしる ビュワーン ビュワーン
   ビュワーン はしる ー
2. ビュワーン ビュワーン はしる まるいひかりの
   ボンネット じそくにひゃく ごじゅーっキロ
   とんでくようだな はしる ビュワーン ビュワーン
   ビュワーン はしる ー

④ る
手を前に突き出す

⑧ ごじゅーっ
左手をパー

⑨ キロ
両手をそのまま上げる

⑩ すべるようだな
両手を揺らしながら走る

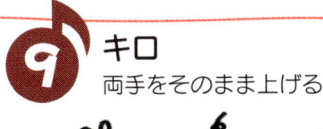

親子で遊ぼう！

最初はゆっくりと歌い始め、
どんどんテンポを早くしていこう。
間違えたら④の手でツンツンされるぞ。

3月の遊び

カレンダーマーチ

1年間の思い出を振り返りながら、楽しく歌って踊ってね。各月のポーズ、みんなで考えるのも楽しいよ。

1～3歳児　隊形 自由

♪1 【1番】 いちがつ いっぱいゆきよふれ
両腕で丸を作って頭の上に

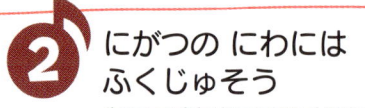

♪2 にがつの にわには ふくじゅそう
鼻に両手を当てて開く動作を繰り返す

♪3 さんがつ さむさにさようなら
手を体の前後に出して、手のひらをひらひらさせる

♪a 【共通】 カレン カレン カレンダーマーチ
その場で足踏みをする

♪b 【共通】 いちねんたったらまたおいで
リズムをとりながら体をたたいて万歳をする
*ひざ2回、腰2回、肩2回、頭1回

♪5 【2番】 ごがつだ ごらんよ こいのぼり
人差し指を鼻の下に当てる

♪aと♪bをしてから♪9へ

♪7 しちがつ しようよ みずあそび
平泳ぎのように手を顔の前で動かす

♪8 はちがつ ハアハア ああ あつい
左手、右手で顔をあおぐ

♪9 【3番】 くがつに くりのみ もうあきだ
両手で三角形の穴を作り、のぞく

カレンダーマーチ

作詞／井出隆夫　作曲／福田和禾子

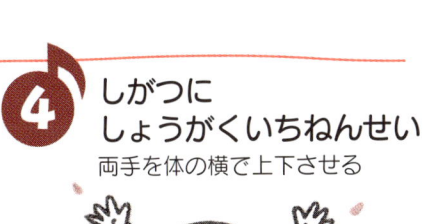

あかるくはぎれよく ♩=132

1. いちがつ いっぱい ゆきよ ふれ　にがつのにわには ふくじゅそう
2. ごがつだ ごらんよ こいのぼり　ろくがつ ろうかに てるてるぼうず
3. くがつ にくりのみ もうあきだ　じゅうがつじゅうごや おつきさま

さんがつ むさしさようなら　しがつに しょうがくいちねんせい
しちがつしょうみずあそび　はちがつ ハアハア ああ あつい
じゅういちがつじゅんびだ ふゆがくる　じゅうにがつ ジングルベル クリスマス

カレン カレン カレンダーマーチ いちねん たったら

また おーい で

4 しがつに しょうがくいちねんせい
両手を体の横で上下させる

6 ろくがつ ろうかに てるてるぼうず
両手をグーにして頭の上にのせ、体を揺らす

親子で遊ぼう！
a「高い高い」b「そのまま回転」

10 じゅうがつ じゅうごや おつきさま
両手を頭の上に当ててから餅つきのまね

11 じゅういちがつ じゅんびだ ふゆがくる
手をたき火に当たるように前に出し、かがむ

12 じゅうにがつ ジングルベル クリスマス
両手を広げて口元に当てる

最後に a と b をする

3月の遊び

いちねんせいになったら

卒園式などで、友達と並んで歌ってみてください。

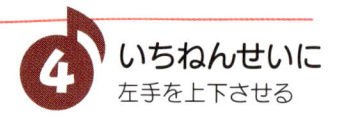

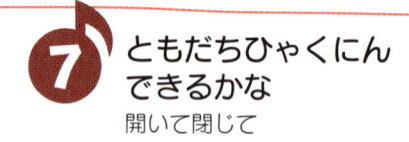

1〜3歳児 並んで

1 いちねんせいに
右手を上下させる

2 なった
右手をクルクル

3 ら
上へ

4 いちねんせいに
左手を上下させる

5 なった
左手をクルクル

6 ら
上へ

7 ともだちひゃくにん
できるかな
開いて閉じて

10 ふじさんのうえでおにぎりを
8、**9**と反対側を向いて同様に

11 ぱっくん
右手を上に

12 ぱっくん
左手を上に

最後の手を振るまで1本指でね。
振るときには「ありがとう」の思いを込めて、
思い切り手を開いて振ろう

いちねんせいになったら
作詞／まど・みちお　作曲／山本直純

Allegretto
mf

1.～3. いちねんせいになったら　いちねんせいに
なったら　ともだちひゃくにんできるかな
ひゃーくにんーでたべたいな　ふじさんのうえで
ひゃーくにんーでかけたいな　にっぽんじゅうを
ひゃーくにんーでわらいたい　せかーいじゅうを
おにぎりを　ぱっくんぱっくんぱっくんと
ひとまわり　どっしんどっしんどっしんと
ふるわせて　わっははわっははわっはっは

8 ひゃくにんでたべたい
前の子の肩をたたく

9 な
横を向く

13 ぱっくん
両手を胸に

14 と
両手を振る

親子で遊ぼう！

お母さんもお父さんも知っている曲だから
交互に並んで歌おう。

ミツル（踊り担当）

1974年1月1日 宮城県生まれ。トラや帽子店のロードマネージャーを経て、1996年、体操のお兄さんとしてデビュー。現在、全国の幼稚園・保育園での親子体操、保育者を対象としたセミナーなどで活躍中。2005年春から「ミツル＆りょうた」として正式にユニット結成。著書に「ピーマン村体操CDブック」。（童心社刊 作詞/作曲/歌・中川ひろたか 振付・ミツオとミツル）。シンプルで覚えやすく、楽しい体操が好評。

りょうた（歌担当）

1978年12月9日 神奈川県生まれ。チャキチャキの浜ッ子!! 犬飼聖二代表の「あそび工房らいおんバス」に参加するかたわら、ストリートライブに明け暮れる。2002年4月から3年間、神奈川県相模原市の保育園で働き、子どもたちと遊ぶ日々を過ごす。2005年春に保育園を卒園して、「ミツル＆りょうた」として正式にユニット結成。銀杏が大好物。

ミツル＆りょうた　刊行物一覧

2004年夏　ミツル＆りょうた事務所よりアルバム「きまぐれゴリラ」発売。
2005年春　ミツル＆りょうた事務所よりアルバム「ミニバンドオーケストラ体操」発売。
2005年夏　ミツル＆りょうた事務所よりアルバム「ハイサイエクササイズ」発売。
2006年春　学陽書房より「歌って踊って遊ブック」発売。
2007年春　学陽書房よりCDブック「ミツル＆りょうたの歌って踊って遊ブック！」発売。
2007年春　ミツル＆りょうた事務所よりシングルCD「スモウスター」発売。

ミツル＆りょうた みんなの歌遊び
～おなじみの歌がいっぱい！～

2008年6月30日　初版第1刷発行

著者／ミツル＆りょうた　©MITSURU & RYOTA
発行人／浅香俊二
発行所／株式会社チャイルド本社
〒112-8512　東京都文京区小石川5-24-21
電話：03-3813-2141（営業）　03-3813-9445（編集）
振替：00100-4-38410
〈日本音楽著作権協会（出）許諾第0806446-801号〉
印刷所／共同印刷株式会社
製本所／一色製本株式会社
ISBN／978-4-8054-0125-5
NDC／376　80P 257×210

表紙・本文イラスト＊曽根悦子
表紙・本文デザイン＊竹内玲子
編集協力＊青木美加子
編集担当＊石山哲郎　飯島玉江

◎乱丁・落丁はお取り替えいたします。
◎本書の内容の一部あるいは全部を無断で複写複製することは、法律で認められた場合を除き、著作者及び出版社の権利の侵害となりますので、その場合は予め小社あて許諾を求めてください。

［チャイルド本社ホームページアドレス］
http://www.childbook.co.jp/
チャイルドブックや保育図書の情報が盛りだくさん。
どうぞご利用ください。